Martina Issler

Spaziergang im Frühlingswald

Inspiration durch das kraftvolle Erwachen der Natur.

Ein bildreicher Spaziergang durch das helle Licht des Frühlings.

Edition Bildreich
im Neptun Verlag

Ein paar Schritte erst von meiner Haustüre entfernt, höre ich eine Amsel lautstark singen. Sie sitzt weit oben, in dieser großen Stadtbuche.

Vor nicht einmal drei Wochen lag am Morgen noch Schnee auf den Kastanien, jetzt sind ihre Blätter schon fast so groß wie im Sommer. Auch die Knospen der mächtigen Rotbuche sind aufgegangen.

Durch Wohnquartiere führt mein Weg hinauf in Richtung Wald. Zwischen den lichterfüllten frischen Blättern von Bäumen und Sträuchern leuchten Blüten von japanischen Kirschbäumen. Am Ende der Straße öffnet sich der Blick auf Blumenwiesen, auf blühende Obstbäume und auf den nahen Waldrand.

Weiter oben, rechts des Feldweges, liegt ein Acker, auf dem bereits ein Hauch von Grün zu sehen ist. Als ich ihn aus der Nähe betrachte, bin ich nicht sicher, welche Pflänzchen zur gesäten Sorte gehören und welche als Unkraut zu betrachten sind. Beim Blick über den Acker erkenne ich aber deutlich die Ansaatreihen.

So wie eben der Blick über das Ganze mehr offenbarte, zeigt hier der Schatten mehr als die Gestalt: Blattkränzchen von Waldmeister.

Mache ich auf dieser Bank eine erste Pause?

Ich setze mich und entdecke den Blick über den See!
Beim Aufstieg habe ich offenbar kein einziges Mal
zurückgeschaut. Trotz leichtem Dunst sind die Glarner
Alpen zu erkennen.

Vögel zwitschern.

Ich denke an James Joyce, der nur ein paar Schritte
von hier begraben liegt. Weit weg von Dublin und von
Triest, im Wald über Zürich.
Ob er den Wald geliebt hat?

«Shut your eyes and see!»

«Schließ deine Augen und sieh!»
aus «Ulysses» kommt mir gerade in den Sinn.
Wie immer macht dabei mein Fotografinnenherz
einen kleinen Hupf. Ja, schauen tut man unentwegt,
fürs Sehen muss man kurz die Augen schließen.
Auch für genaues Hinhören schließen wir die Augen.
Ob es umgekehrt auch möglich ist?
Können Bilder Hörerinnerungen wecken?

Beim Weitergehen begleitet mich der Rhythmus eines dahintänzelnden Blattes aus dem vergangenen Jahr.

Ein Specht klopft, Vögel zwitschern durcheinander, am lichten Waldrand entdecke ich Buschwindröschen im zarten Lila der noch nicht vollständig entfalteten Blüte. In der warmen Frühlingssonne riecht es süßlich nach Fuchs.

Ich gehe an einem älteren Paar vorbei, das auf einer Bank sitzt, und höre die Frau sagen: «Manchmal möchte ich noch etwas Weltbewegendes tun!» Ich verstehe, dass hier oben, in diesem Licht, Großes beginnen kann, Weltbewegendes. Die Natur erwacht so kraftvoll, dass sie uns die eigene Kraft in Erinnerung ruft.

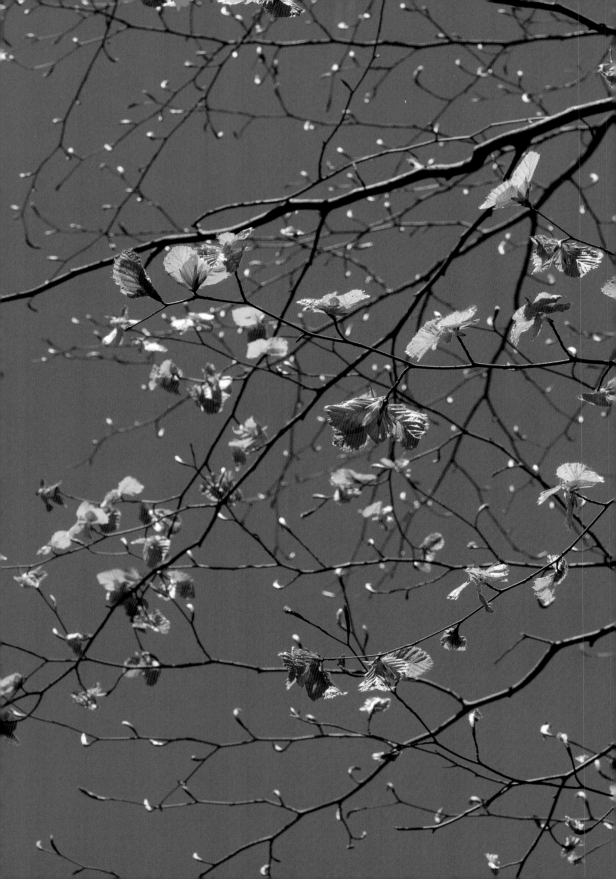

Alles neue Große, alles Weltbewegende beginnt ganz klein. In einem solchen Augenblick.

Von weitem höre ich Kinderstimmen. Beim Näherkommen steigt mir der Duft von Gebratenem in die Nase. Ich bekomme Hunger. Zum Glück habe ich auch etwas eingepackt.

Der Weg führt nun hinab, an einem prächtigen Wurzelstock vorbei, zum kleinen Waldweiher, an dessen Ufer ich eine Rast machen werde.

Ich setze mich auf eine von der Sonne herrlich erwärmte Bank und nehme mein Picknick hervor: einen Apfel und zwei Ostereier.

Hinter dem Weiher führt ein Weg hoch hinauf. Die Erde muss trocken sein, damit man hier hochkommt. Weiter oben werde ich mir einen ruhigen Platz suchen, um mich hinzulegen.

Wie lange ist es her, dass ich auf einem Waldboden lag und in die Baumwipfel schaute?

Shut your eyes and hear ... geht mir durch den Kopf.

Ich höre den samtig-feuchten Klang der frischen, grünen Blätter im Wind und das silber-trockene Rascheln des Laubes am Boden. Ich höre den Flügelschlag eines Vogels und aus der Ferne ein Käuzchen.

Sonnenblinzeln.

Edition Bildreich im Neptun Verlag: **vom Buch zur Idee**

Martina Issler: «Als Fotografin frage ich mich, was ich mit einem Geschenkbuch tatsächlich schenken könnte. Ich kann schauen und sehen, was andere im Moment nicht sehen können. Ich kann meine Gedanken notieren und so den Bildern eine weitere Dimension hinzufügen. Bilder und Gedanken, die gleichzeitig entstehen oder sich gegenseitig beeinflussen. Auf diese Weise kann ich einen Weg gehen. Ist nicht das Blättern in einem Buch auch als Weg zu verstehen? Ein Spaziergang als Geschenk, das ist die Idee: Bilder, Gedanken und Bewegung im Raum. Ein unmittelbares Erlebnis soll es sein, welches Betrachtende sehen, riechen und hören lässt, welches die Sehnsucht nach kostbaren Momenten im Alltäglichen ebenso auffängt, wie es Stille bietet für das Eintauchen in die Natur. Wo lässt sich das besser umsetzen als in einem Wald, wo der Wechsel der Jahreszeiten so präsent ist?
Mit dieser Motivation mache ich mich mit Kamera und Notizbuch auf den Weg. Dass das Ziel ein Geschenkbuch ist, muss ich ab jetzt vergessen. Jetzt gilt es, den unbefangenen Blick zu finden und ganz einzutauchen in den Moment. Den Kopf zu leeren, den Geist aber hellwach zu halten. Keine Absicht, welche den Blick oder die Gedanken lenkt, sondern Zuversicht, dass das eigene Berührtsein vom Moment und vom Ort in Bild und Wort seinen Ausdruck finden wird.»

So liegen nun die ersten vier Bücher als «Edition Bildreich» im Neptun Verlag vor. Geschenkbücher, welche berühren und nachklingen.

Die schön gestaltete Box enthält die Bände: Spaziergang im Frühlingswald – Spaziergang im Sommerwald – Spaziergang im Herbstwald – Spaziergang im Winterwald. Insgesamt 384 Seiten, durchgehend mit Farbabbildungen und begleitendem Text, Hardcover mit Schutzumschlag.
Box 17,7 x 25,3 x 4,8 cm
Bücher je 17x24cm, 96 Seiten

Spaziergänge im Wald
Edition Bildreich

Alle vier Bände als Geschenkausgabe in der hochwertig gestalteten Box.
ISBN 978-3-85820-344-1

Neptun Verlag, Rathausgasse 30, CH-3011 Bern,
Tel. +41 31 311 44 80, Fax +41 31 311 44 70,
info@neptunverlag.ch, www.neptunverlag.ch

Spaziergang im Frühlingswald
Edition Bildreich

Inspiration durch das kraftvolle
Erwachen der Natur. Ein bildreicher Spaziergang durch das
helle Licht des Frühlings.
ISBN 978-3-85820-339-7

Spaziergang im Sommerwald
Edition Bildreich

Inspiration durch Licht und
Schatten. Ein bildreicher
Spaziergang entlang lebens-
spendendem Wasser.
ISBN 978-3-85820-340-3

Spaziergang im Herbstwald
Edition Bildreich

Inspiration durch Ernte und
Wandel. Ein bildreicher
Spaziergang durch die kraft-
vollen Farben des Herbstes.
ISBN 978-3-85820-341-0

Spaziergang im Winterwald
Edition Bildreich

Inspiration durch Ruhe und
Sammlung. Ein bildreicher
Spaziergang durch die Pause
der Natur.
ISBN 978-3-85820-342-7

In der Reihe «Edition Bildreich» bisher im **Neptun Verlag** erschienen:

Den Spaziergang machte die Autorin Martina Issler
durch den Zürcher Stadtwald am Zürichberg.

Impressum

Copyright © 2023 Martina Issler und Neptun Verlag
Rathausgasse 30
CH-3011 Bern
Gestaltung, Fotografie, Text: Martina Issler, Zürich
Umschlaggestaltung: Giessform, Bern
Satz und Druck: AZ Druck und Datentechnik, Kempten

ISBN 978-3-85820-339-7

Unser gesamtes Verlagsprogramm finden Sie auf
unserer Webseite www.neptunverlag.ch
Die Bücher, die im Neptun Verlag erschienen sind,
erhalten und finden Sie in jeder Buchhandlung.